Introduction au ukulélé

Niveau débutant

Jean-François Picher

Formation complète
pour ukulélé

Auteur : Jean-François Picher

Édition : www.laplaceduukulele.com
ISBN : 978-2-9818757-2-3
Date sortie : 3 Novembre 2023

Sommaire

Introduction

Un instrument accessible, polyvalent et « de bonne humeur »!

Le ukulélé est un instrument de musique de plus en plus populaire à travers le monde. Et pour cause! Sa sonorité singulière, joyeuse et passe-partout explique sans doute cette popularité grandissante. Mais, je dirais surtout que le ukulélé est parfait pour celles et ceux qui souhaitent s'initier à la musique dans tous les genres musicaux. Léger et facile à transporter, il offre un apprentissage progressif et simple. Idéal pour jouer seul, il s'intègre aussi très bien à un projet musical en famille ou entre amis, en plus de constituer l'accompagnateur par excellence des séances de musique improvisées.

Pratique

La pratique est la clé pour apprendre la musique

Pour quiconque souhaite apprendre un instrument, il est préférable de pratiquer plusieurs fois par semaine, environ 15 à 20 minutes chaque fois, plutôt que de faire une seule pratique d'une heure ou même d'une journée par semaine. En fait, vous progresserez plus rapidement si vous intégrez les pratiques dans votre routine quotidienne.

À propos du ukulélé

Le ukulélé est composé de plusieurs parties : la tête, les clefs, le sillet de tête, la touche, le manche, les frettes, la table d'harmonie, la rosasse ou bouche, les éclisses, le sillet de chevalet et le chevalet. Il existe cinq tailles de ukulélé : sopranino, soprano, concert, ténor et baryton.

Deux des principaux avantages de l'instrument s'avèrent son poids et sa taille. Petit, facile à tenir et à transporter, il vous permettra de l'avoir toujours avec vous!

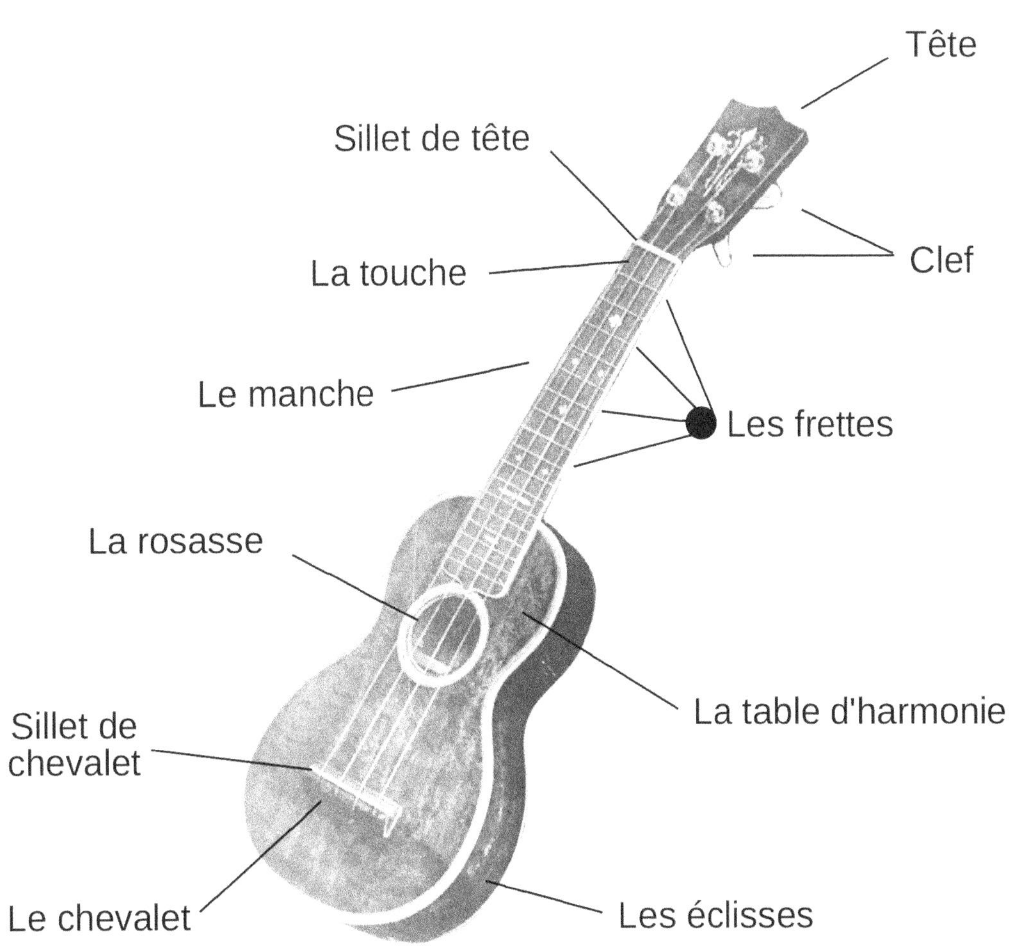

Un peu d'histoire

Le ukulélé est un instrument à cordes pincées appartenant à la famille des instruments à cordes frottées, originaire des îles Hawaïennes. Le mot «ukulélé» composé de uku (« puce ») et de lele (« voler, sauter ») en hawaïen, ce qui signifie «puce sautant», faisant référence aux mouvements rapides des doigts sur les cordes de l'instrument.

L'histoire du ukulélé remonte aux années 1870, lorsque des immigrants portugais sont arrivés à Hawaï pour travailler dans les plantations de canne à sucre. Ces immigrants ont apporté avec eux des instruments de musique traditionnels portugais tels que la machette, un petit instrument à cordes pincées. Les Hawaïens ont été immédiatement intrigués par le son unique de l'instrument et ont commencé à l'adopter.

Au fil du temps, la machette a été modifiée pour mieux s'adapter aux goûts et aux styles de musique hawaïens. Les cordes ont été remplacées par des cordes en boyau de mouton, ce qui a donné un son plus doux. Le corps de l'instrument a également été agrandi, ce qui a permis d'obtenir un son plus fort et plus profond.

Le premier fabricant de ukulélés en série était Manuel Nunes, un immigrant portugais, qui a commencé à fabriquer des ukulélés dans les années 1880. Il a été rejoint par deux autres fabricants, Augusto Dias et João Fernandes, qui ont tous deux apporté leurs propres modifications à l'instrument.

Au tournant du XXe siècle, le ukulélé est devenu un instrument populaire dans toute l'Amérique, grâce aux chanteurs hawaïens qui ont commencé à se produire sur le continent. Le roi hawaïen Kalākaua a également contribué à populariser l'instrument en l'incluant dans les festivités et les cérémonies de cour.

Au cours des années 1920 et 1930, le ukulélé est devenu un symbole de l'âge d'or du jazz et du swing. Les musiciens de l'époque, tels que Roy Smeck et Cliff Edwards, ont utilisé l'instrument dans leur musique, ce qui a contribué à populariser encore davantage le ukulélé.

Au fil des ans, le ukulélé a évolué pour s'adapter à différents styles de musique, tels que la musique folk, la musique country et la pop. De nos jours, le ukulélé est souvent associé à la musique hawaïenne traditionnelle, mais il est également utilisé dans de nombreux autres genres de musique.

En conclusion, le ukulélé est un instrument unique avec une histoire riche et variée. Il a évolué au fil des ans pour s'adapter à différents styles de musique, mais il est resté fidèle à ses racines hawaïennes et à son héritage portugais. Que vous soyez un musicien expérimenté ou un débutant, le ukulélé est un instrument amusant et facile à jouer qui peut apporter de la joie et de la musique à votre vie.

Tenir notre ukulélé

Pour bien tenir le ukulélé, il faut presser légèrement le corps de l'instrument sur la poitrine à l'aide de son avant-bras. Puis, assurez-vous de laisser le poignet libre pour effectuer les battements. Vous pouvez aussi ajouter une courroie (« strap ») pour le maintenir en place, comme on le fait avec une guitare.

Toujours dans l'objectif de tenir votre ukulélé efficacement, formez un V entre le pouce et l'index de votre main gauche, puis placez votre pouce à l'arrière du manche. C'est avec le pouce et les doigts que vous pourrez maintenir une pression sur les cordes afin de tenir les notes ou les accords.

La plupart des gens jouent de façon droitière même s'ils sont gauchers. C'est d'ailleurs mon cas. Effectivement, je vous conseille d'essayer de jouer comme un droitier pour commencer. Si toutefois vous vous sentiez inconfortable, inversez le ukulélé. Si vous vous sentez mieux ainsi, vous devrez aussi inverser les cordes de votre instrument. Advenant le cas où vous ne vous sentez pas capable de le faire, vous pouvez aller voir un luthier qui fera le changement pour vous.

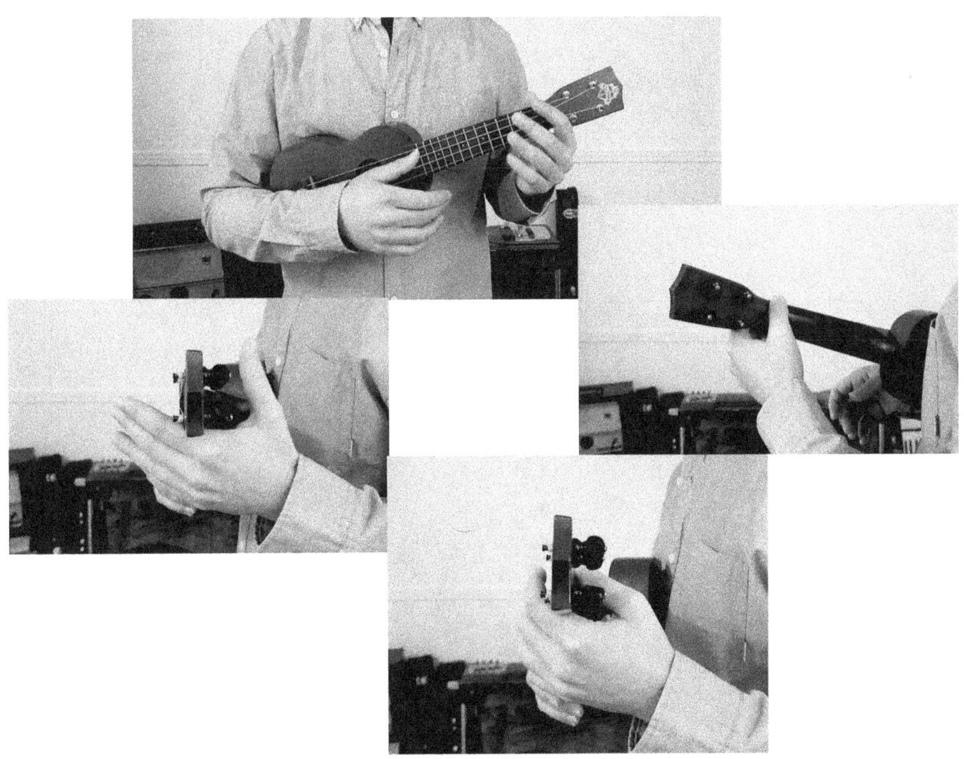

Accorder son ukulélé

Le ukulélé est généralement accordé en Do 6. Vous pouvez donc jouer cet accord sans appuyer sur aucune cordes; ce que l'on appelle « jouer à vide » ou « open » en anglais. Par ailleurs, notons que le ukulélé, contrairement aux autres instrument à cordes, n'a pas sa note la plus grave à la corde du haut, elle se trouve plutôt à la position 3. Les cordes sont numérotées de bas en haut (cordes 1 à 4). Il est important de savoir qu'en français, on nomme fréquemment les notes par les lettres en anglais (voir le tableau). Ainsi, de bas en haut, les notes du ukulélé sont A (la), E (mi), C (do) et G (sol). Le plus souvent, les partitions sont écrites avec les accords nommés en anglais.

NOTATION FRANCAISE	Do	Ré	Mi	Fa	Sol	La	Si	Do
NOTATION ANGLO-SAXONNE	C	D	E	F	G	A	B	C

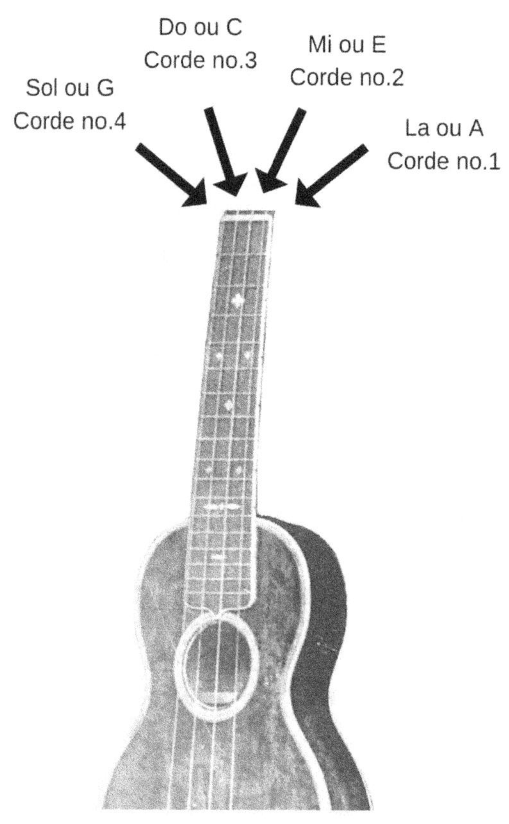

Rassurez-vous, il est tout à fait normal de devoir accorder souvent son instrument. Je vous conseille de l'accorder, ou de vérifier son accordage (« tuning »), chaque fois que vous décidez d'en jouer. Pour ce faire, il vous faudra un accordeur. Il existe plusieurs applications pour téléphone portable ou pour tablette qui fonctionnent très bien. Vous pouvez aussi vous accorder avec un autre instrument comme le piano ou la guitare.

Pour plus d'information sur l'accordement du ukulélé, je vous invite à visiter mon site Web au www.laplaceduukulele.com

À l'achat d'un instrument neuf, ou si vous changez les cordes, il est fort probable que votre instrument se désaccorde rapidement. Des cordes neuves prennent en général quelques jours à s'ajuster. Si les clefs ne tiennent pas en place, vous pouvez serrer légèrement les vis qui se rapportent à chacune des clefs. La qualité de votre ukulélé aura aussi une incidence sur son accordage; un instrument de moindre qualité risque de ne pas rester accordé adéquatement.

Connaître les notes

Une note est un symbole musical qui représente le fragment d'une musique par une convention d'écriture; elle identifie la hauteur et la durée d'un son. Les notes sont placées sur une portée et donnent au musicien la hauteur de façon verticale et la durée de façon horizontale.

Sur une portée, on trouve une clé de sol. image no.1
Le centre de la clé représente l'endroit où se trouve le sol sur la portée. Image no.2

Les notes sont placées soit sur les lignes, soit dans les interlignes. Plus les notes sont hautes sur la portée, plus le son est aigu, plus elles sont basses, plus le son est grave.

Image 1 :   Clef de Sol 

Image 2 :

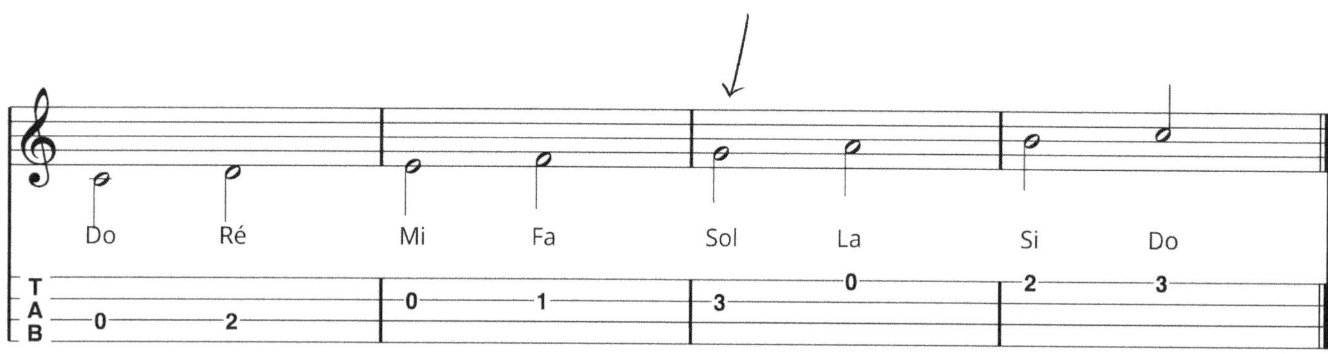

Certaines notes durent plus longtemps que d'autres. Pour démontrer cette différence, les notes changent d'aspect selon leur durée.

La ronde : 4 temps
La blanche : 2 temps
La noire : 1 temps
La croche : ½ temps

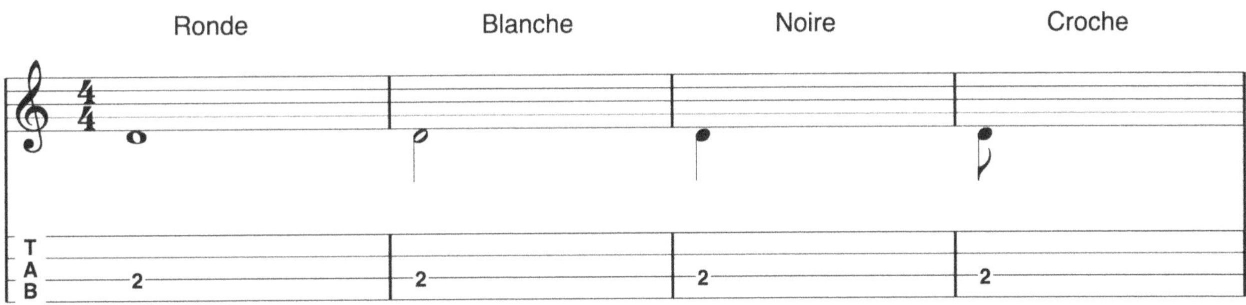

Autres symboles musicaux

Sur la portée, il y a aussi l'indication du chiffrage. Il nous indique combien de temps sont comptés par mesure. Image no.3

Les barres de mesure, quant à elles, nous indiquent le début et la fin de chaque mesure.

La barre de fin nous indique la fin de la pièce.

Il y a aussi les barres de reprise, symbolisées par deux lignes et deux points, qui nous indiquent que nous devons rejouer cette partie. La partie à répéter est donc encadrée de deux barres de reprise; quand vous arrivez à celle de fin, vous devez revenir à celle du début et rejouer cette partie. S'il n'y a pas de barre de reprise de début, il faut rejouer le morceau à partir du début de la pièce musicale.

Savoir lire les tablatures

Les tablatures existent depuis le Moyen Âge. Souvent symbolisées par « TAB », elles rendent la lecture musicale accessible au plus grand nombre, sans devoir apprendre la lecture et l'écriture musicales traditionnelles. Les lignes horizontales représentent les cordes de l'instrument (voir l'image 1). Les chiffres représentent quant à eux les cases où placer les doigts, ce qui est souvent appelé « fretter une corde ».

Comme sur une portée, les lignes verticales représentent le début et la fin d'une mesure, les doubles lignes (voir l'image 2), le changement de partie musicale (ex, : couplet, refrain), et les doubles lignes pointées identifient le début et la fin d'un passage à répéter.

Image 1 :

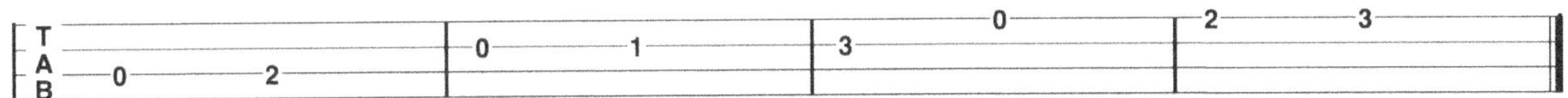

Image 2 :

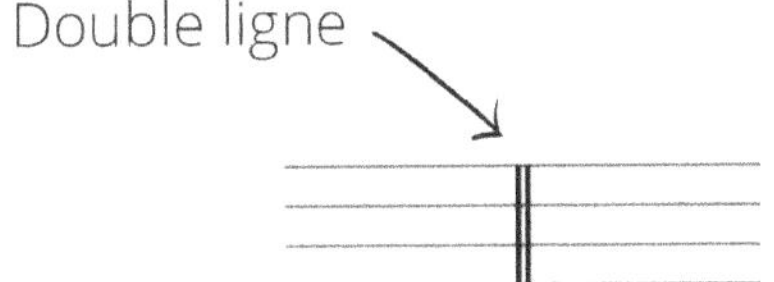

Exemple no.1

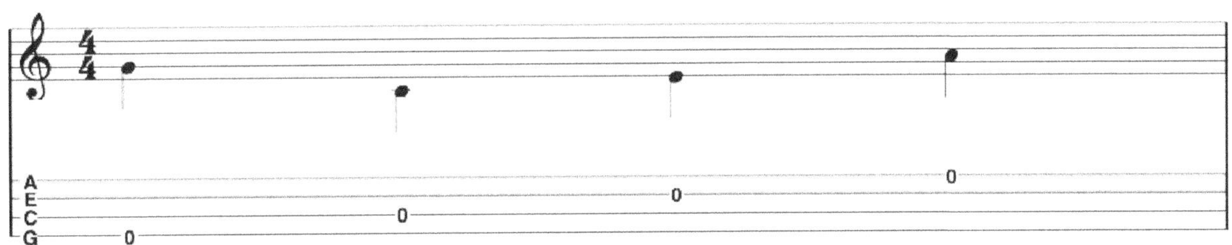

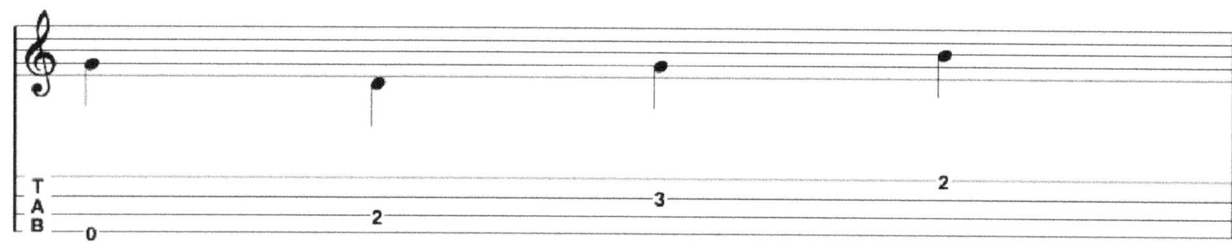

La gamme de Do majeur

Les gammes musicales sont des successions de 7 notes ordonnées qui suivent un motif reconnaissable d'une note jusqu'à la même note à l'octave au-dessus. La note dite à l'octave a le même son que la première, mais plus aigu. Exemple, si je joue la corde no.3 à vide et la corde no.1 frettée à la troisième case, j'obtiens la même note un octave au-dessus.

Mary Had A Little Lamb

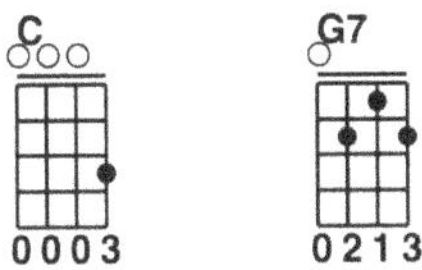

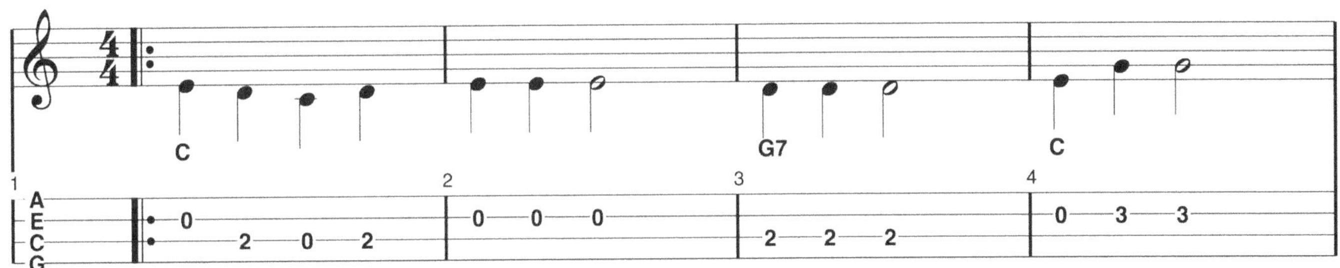

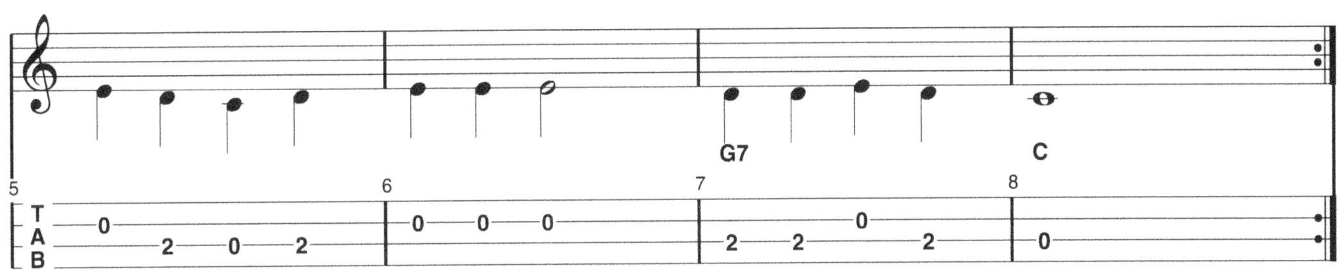

Ah! vous dirai-je, maman

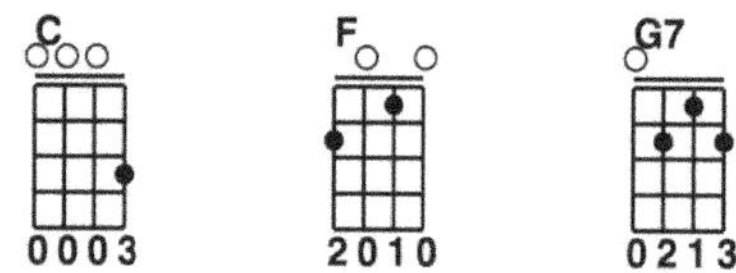

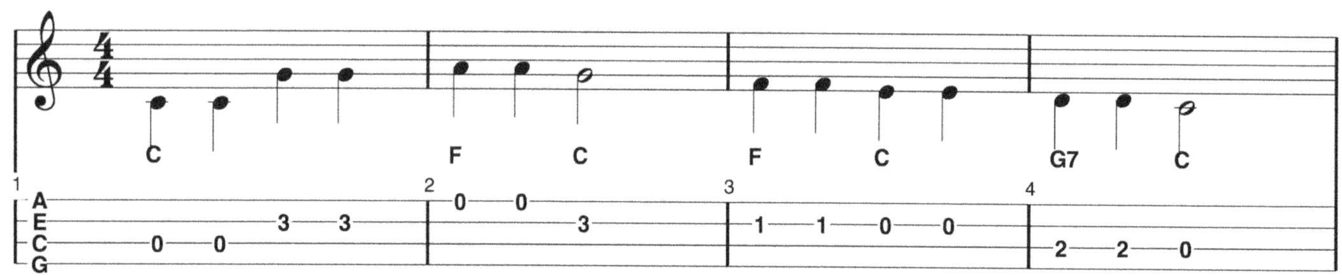

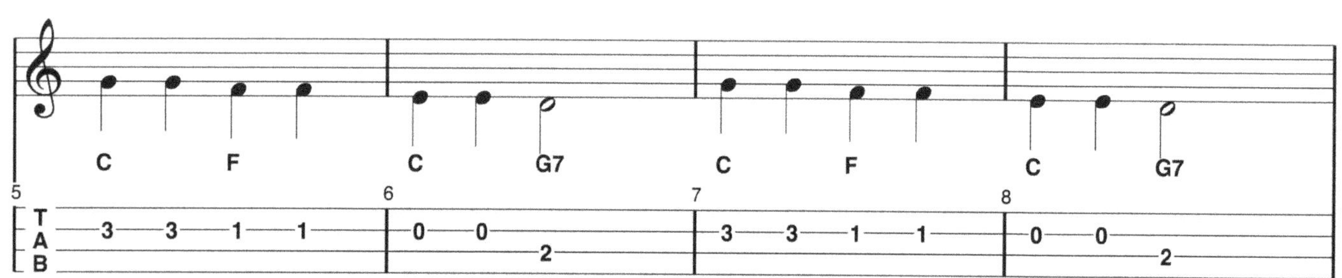

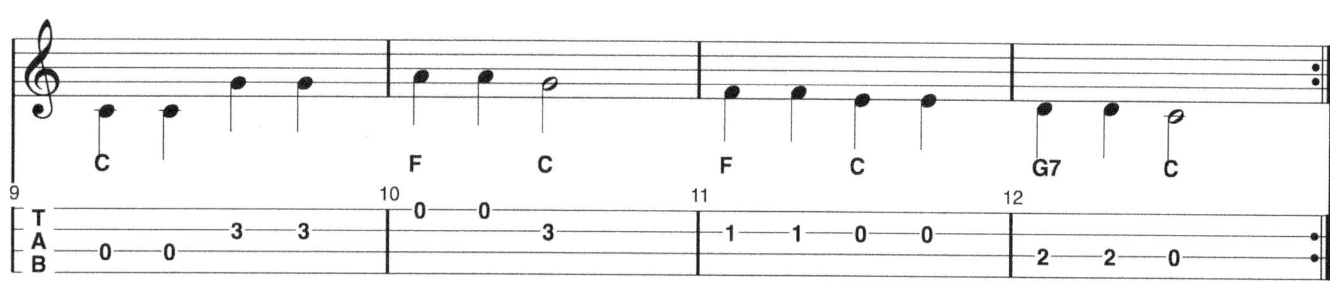

Les notes dièses et bémols

En plus des notes de la gamme de do qui sont : do, ré, mi, fa, sol, la, si, il y a aussi des notes qui sont soit dièse (#) ou bémol (♭). Sur le clavier d'un piano, les notes dièses et bémols sont les touches noires qui sont placées entre les notes blanches. Nous retrouvons aussi les bémols et dièses sur notre ukulélé.

Nous allons aussi ajouter un peu de difficulté en ajoutant des notes que l'on appelle : double-croche. La double-croche a une durée de 1/4 de temps.

En voici un exemple :

Frère Jacques

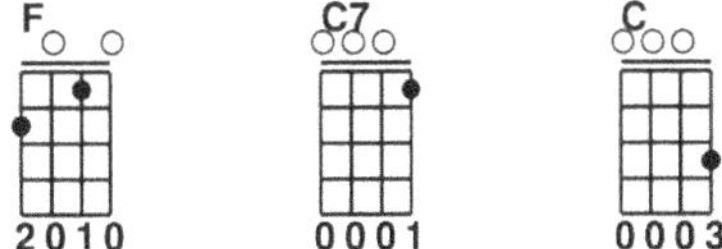

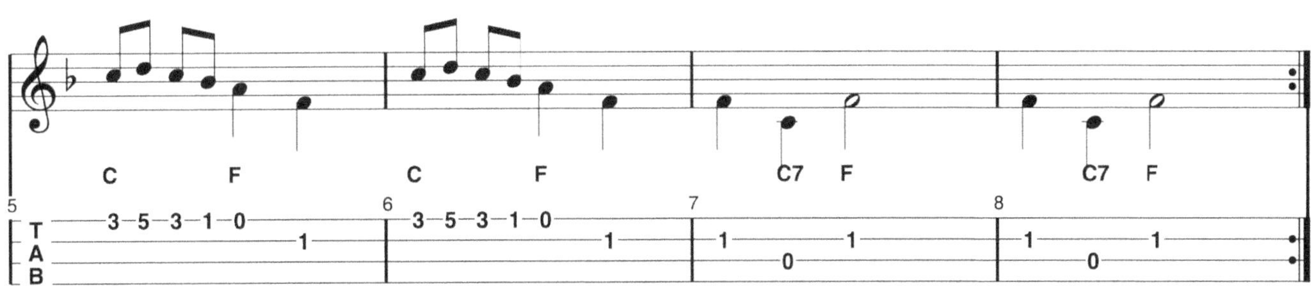

Intervalle, le ton et le demi-ton

On nomme l'intervalle entre deux notes le demi-ton. Sur le ukulélé, chaque fois que nous allons monter d'une case, l'intervalle entre les deux notes est d'un demi-ton. Entre la note do et la note do dièse, il y a donc un demi-ton. On le nomme demi-ton, car c'est la moitié d'un ton. Un ton est l'intervalle entre le do et le ré par exemple. À noter qu'il n'y a pas de dièse ou de bémol entre le si et le do ainsi qu'entre le mi et le fa.

Si nous nommons tous les notes entre deux do nous allons trouver,

do - do# - ré - ré# - mi - fa - fa# - sol - sol# - la - la# - si - do

Armure ou armature à la clef

Pour ne pas écrire à côté de chaque note, si elle est en bémol ou en dièse, on peut l'indiquer au début de la partition. Cette altération sera identique, pour chaque note de la gamme musicale qui se trouve sur la même ligne que l'altération. Ceci sera valable pour toute la partition sauf dans certains cas particuliers ou il y aura un changement d'armure. Ces altérations correspondent à la tonalité de la chanson.

Tom Dooley

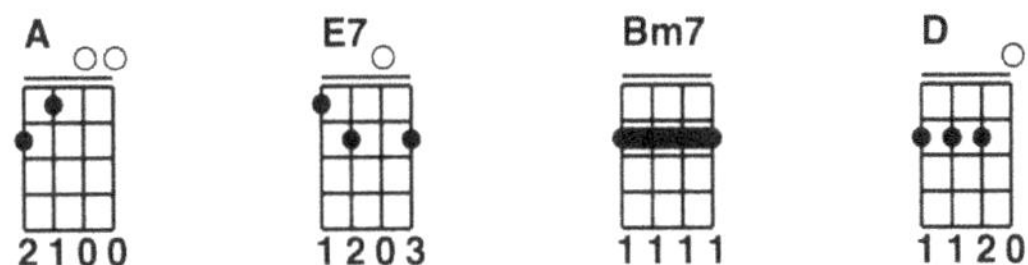

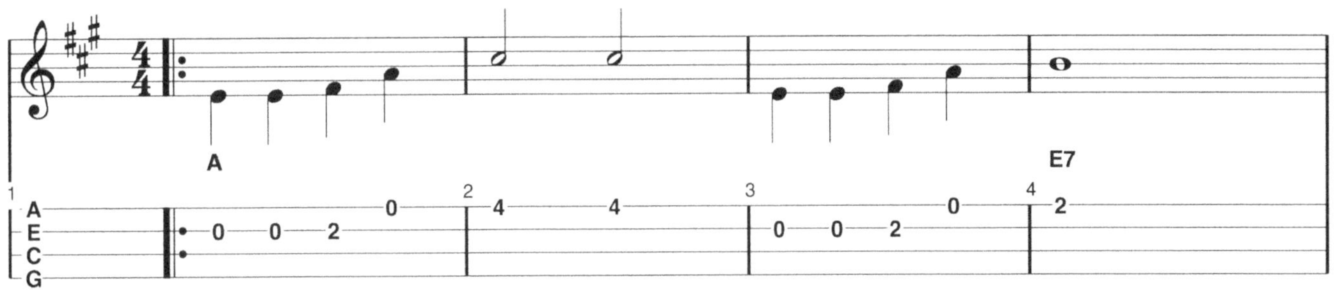

Battement de ukulélé ou strumming

Il existe sûrement autant de techniques de jeu (« strumming ») différentes qu'il existe de chansons. Pour les écrire, on utilise le système de notation avec les barres obliques. Les longues flèches indiquent les coups francs, qui marquent les temps forts d'une chanson, et les flèches plus petites, les coups joués entre les temps forts.

Voici quelques techniques simples pour commencer.

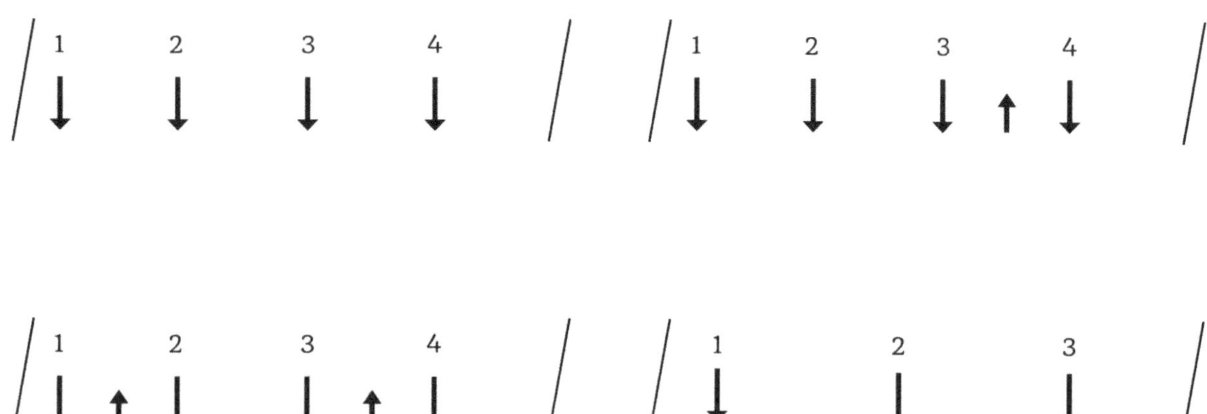

Les diagrammes d'accords

Sur les diagrammes, les 4 lignes verticales représentent les cordes du ukulélé et les lignes horizontales, les frettes ou l'espace entre les frettes de l'instrument.

Les points noirs indiquent où placer les doigts sur les cases et les numéros nous montrent quel doigt placé pour obtenir la bonne position aussi appelé le doigté.
Les lignes plus foncées sur les cases indiquent qu'il s'agit d'un accord barré.

Le cercle vide indique qu'il faut jouer la corde à vide, c'est-à-dire, sans fretter la corde et le X indique qu'il ne faut pas jouer la corde.

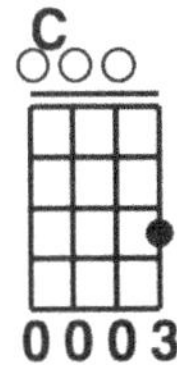

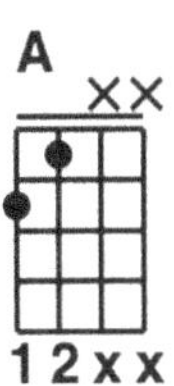

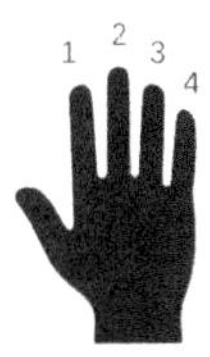

Les accords

Les accords en musique sont la combinaison de plusieurs notes jouées simultanément, ces notes étant généralement extraites d'une gamme musicale spécifique et arrangées de manière à créer une sonorité harmonieuse. Ils constituent une composante essentielle de la musique, servant à accompagner des mélodies, à créer des progressions harmoniques et à donner de la profondeur à une composition.

Ils sont souvent représentés par les diagrammes d'accords. Les diagrammes montrent où placer les doigts pour former les accords. Les chiffres indiquent avec quels doigts seront frettées les notes et le chiffre se trouve vis à vis la corde qui sera à fretter. S'il est indiqué 0, il faut faire résonner la corde à vide.

Les accords majeurs
Les accords mineurs
Les accords septièmes

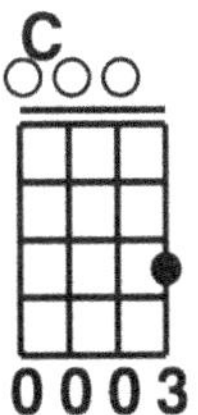

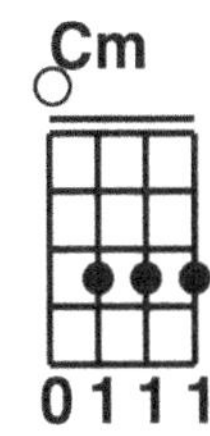

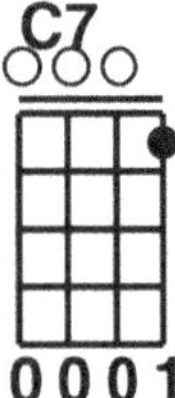

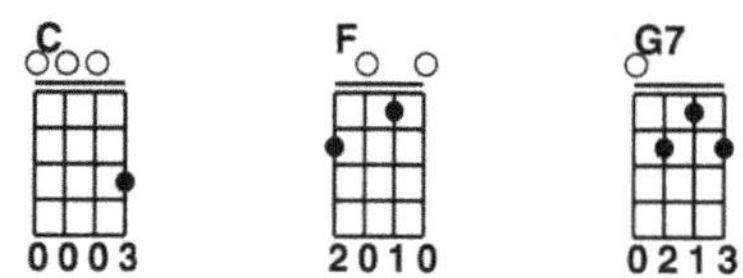

C
0 0 0 3
F
2 0 1 0
G7
0 2 1 3

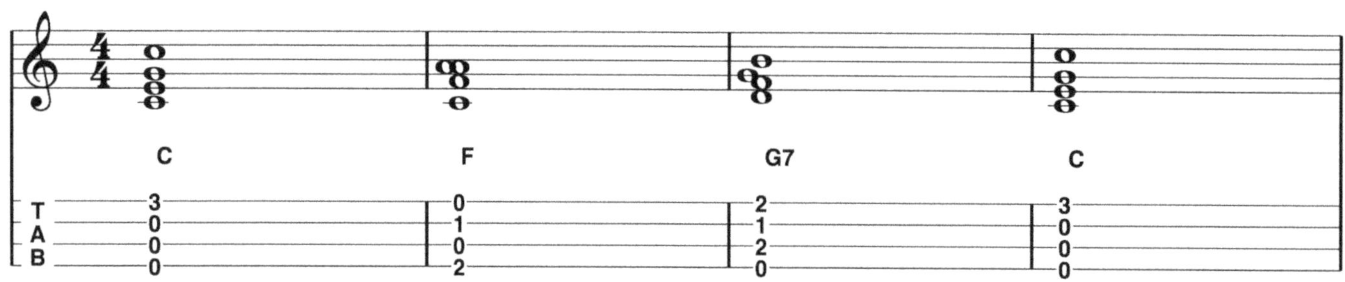

C
F
G7
C

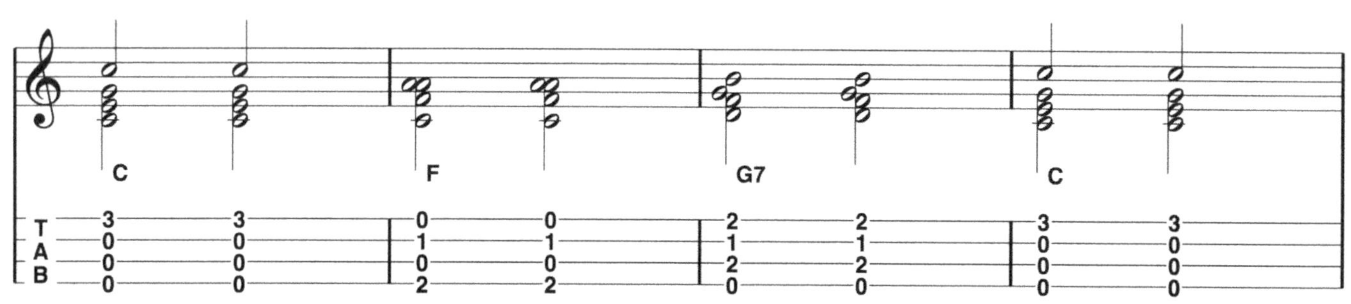

C
F
G7
C

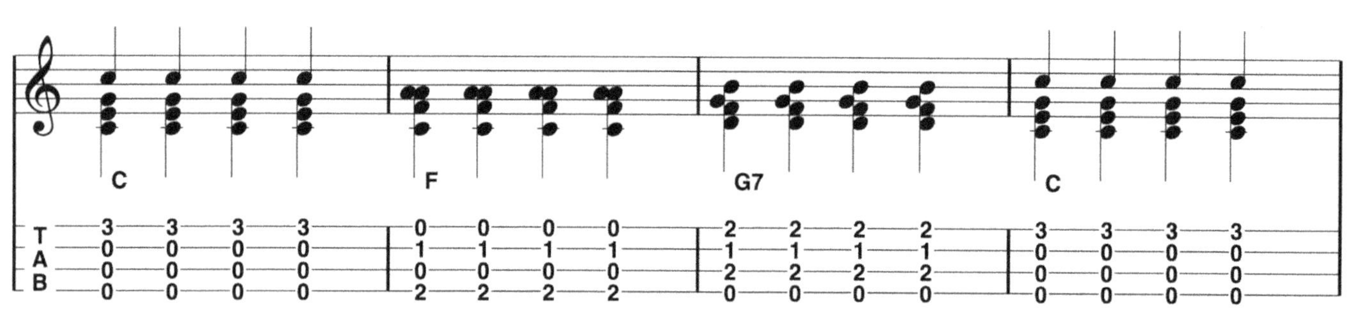

C
F
G7
C

Blues à 12 barres en Do (C)

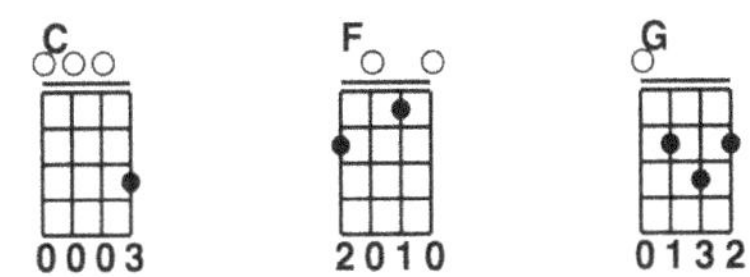

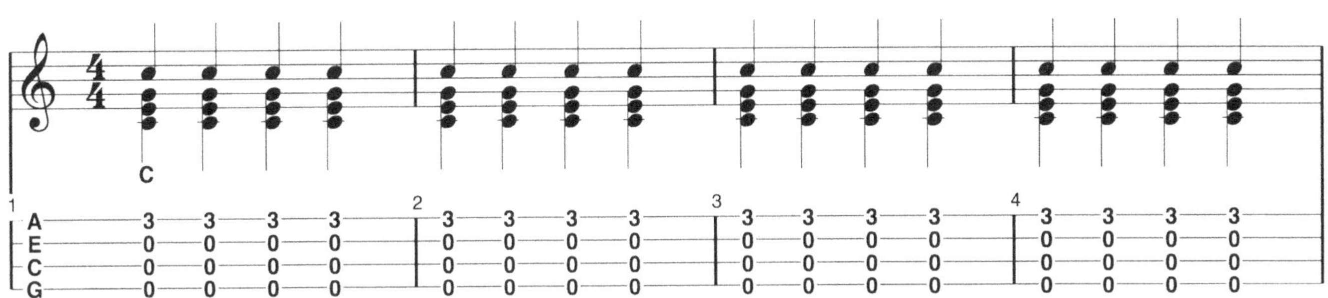

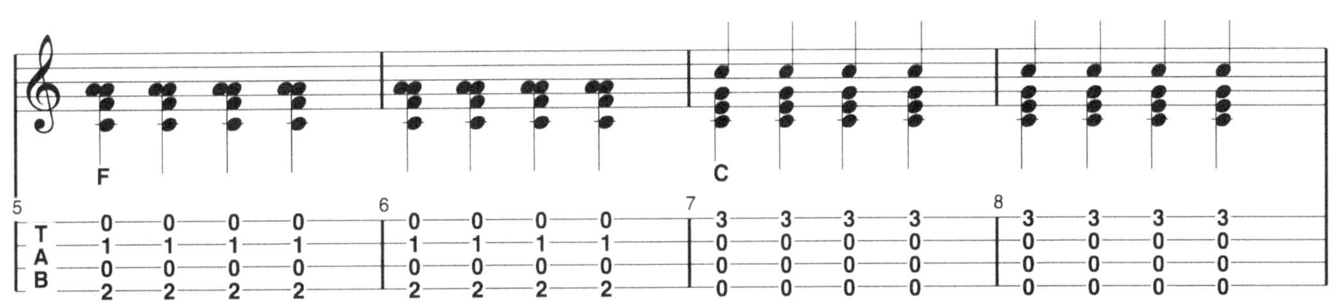

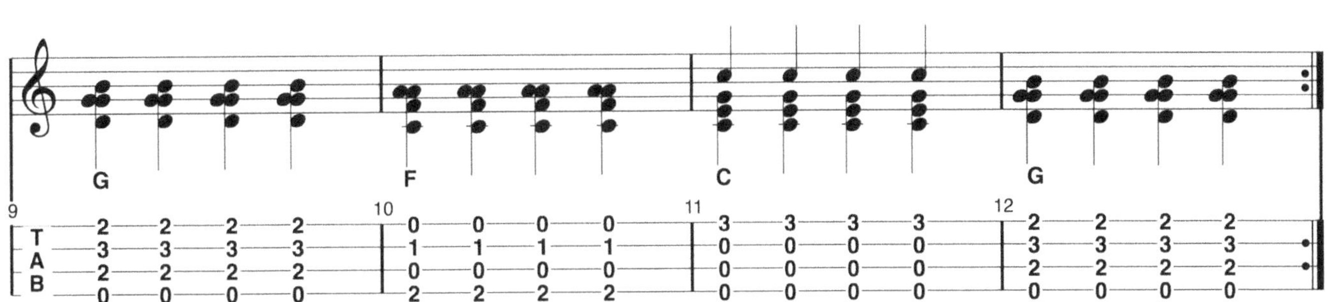

Blues à 12 barres en Lam (Am)

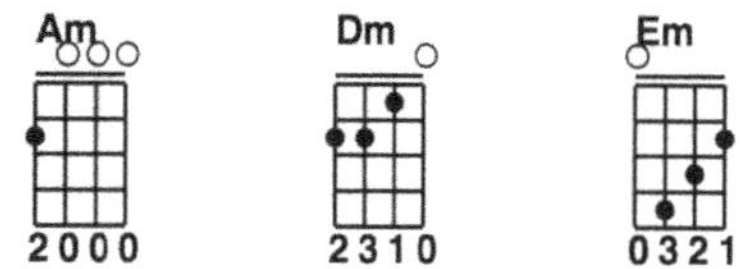

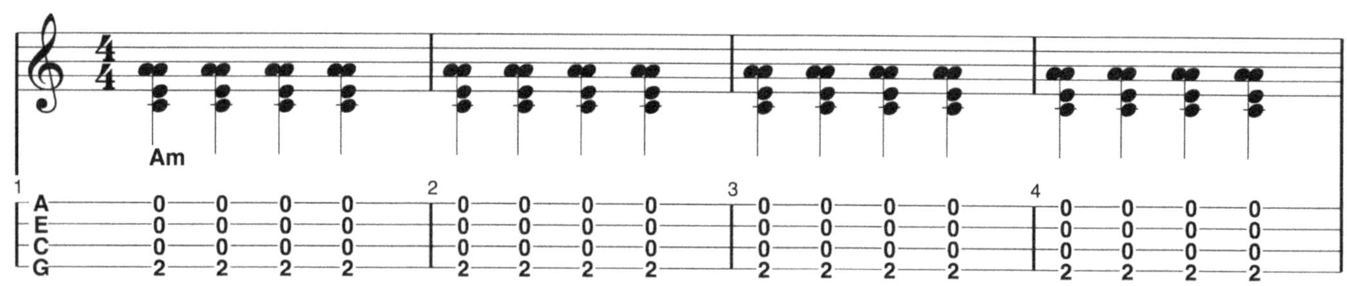

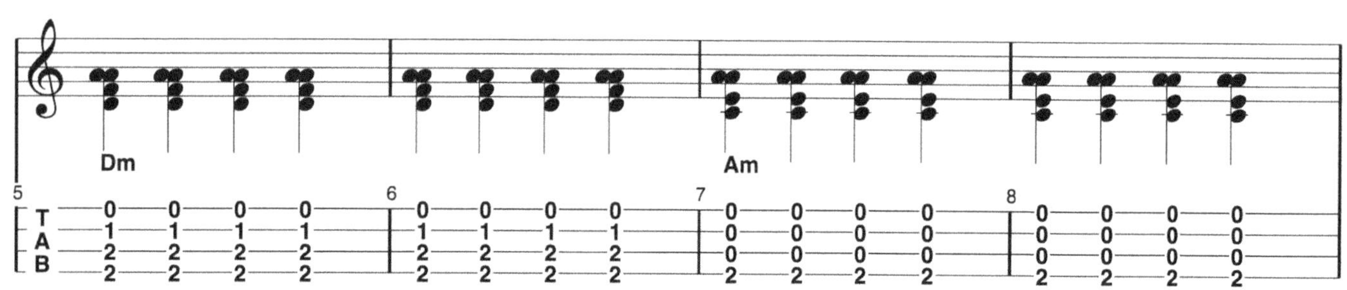

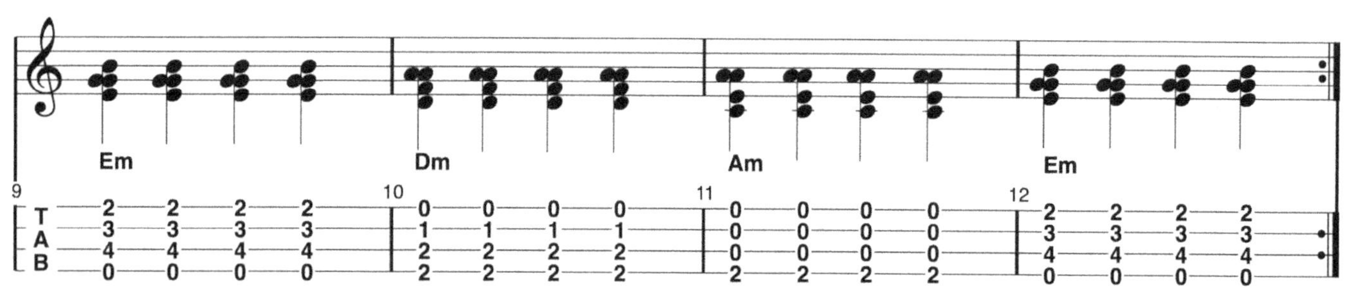

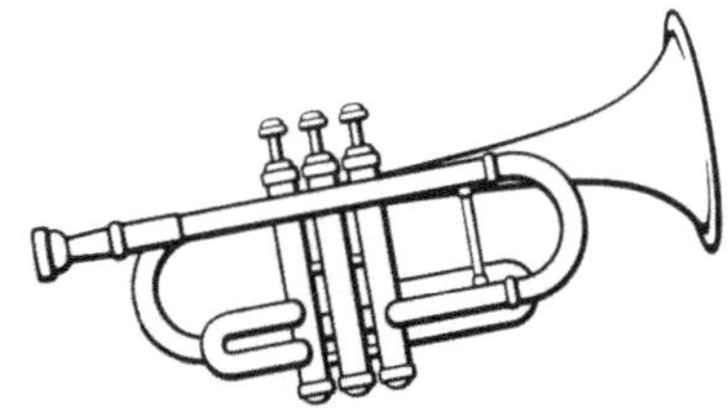

Blues à 12 barres en Sol7 (G7)

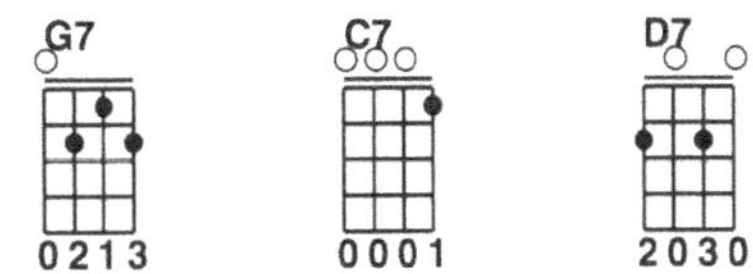

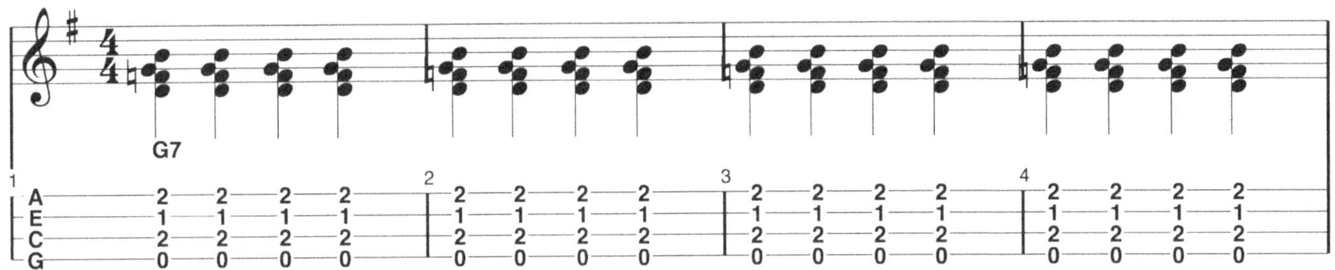

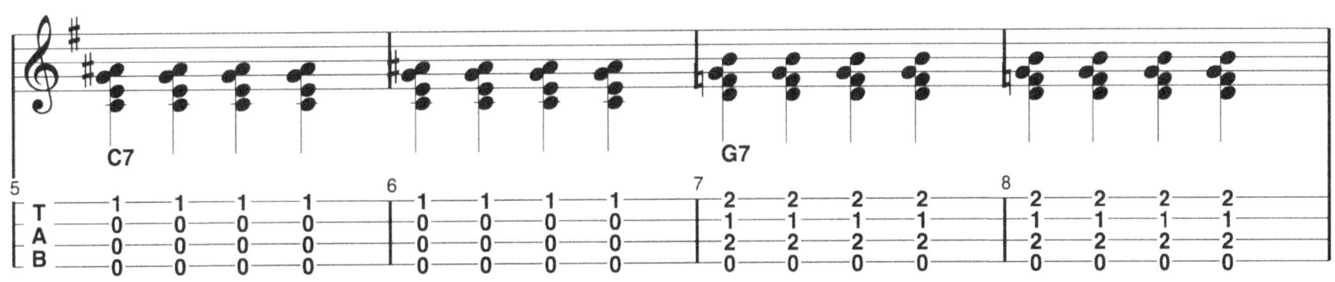

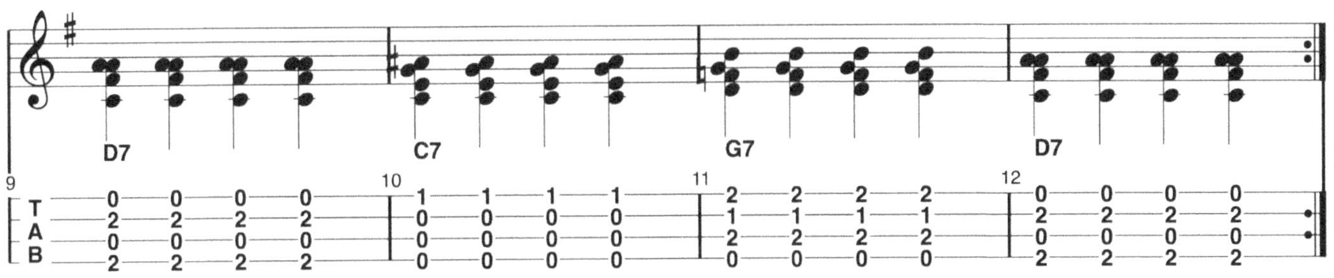

Jusqu'à présent, tous les morceaux utilisaient une mesure avec 4 temps. Le rythme 4/4 est très fréquent et largement répandu. Un autre chiffrage de mesure que vous rencontrerez fréquemment est le 3/4, ce qui signifie qu'il y a trois temps par mesure. C'est le rythme typique de la valse.

Valse en 3/4

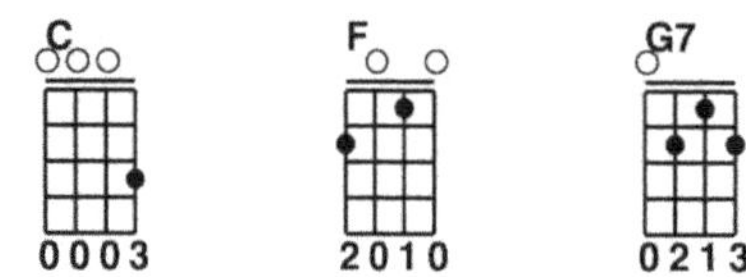

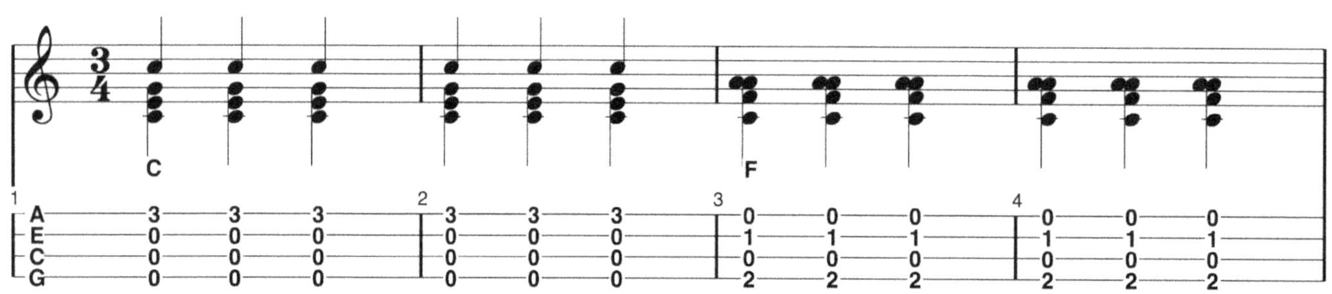

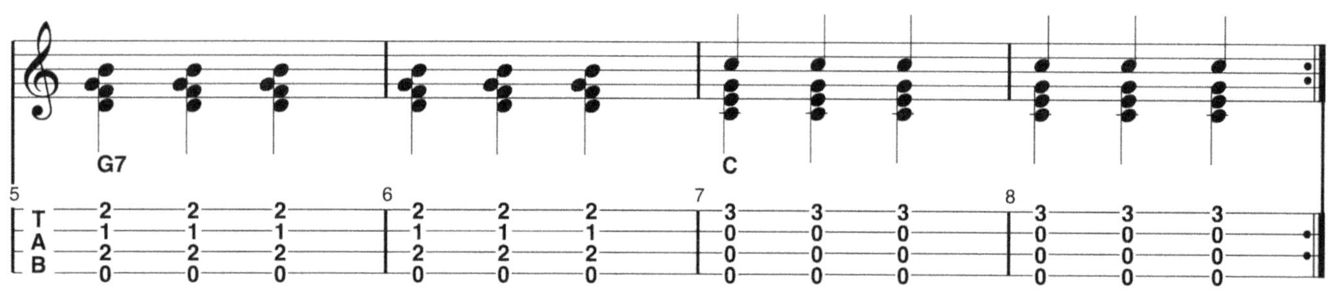

Les accords barrés

Les accords barrés sont des accords qui demandent de tenir 3 ou 4 des cordes du ukulélé frettées en même temps avec le doigt no.1. Les autres doigts peuvent aussi être sollicités pour compléter l'accord, on les positionne sur les cordes selon ce qu'indique le diagramme d'accord. Voici quelques exemples d'accords barrés.

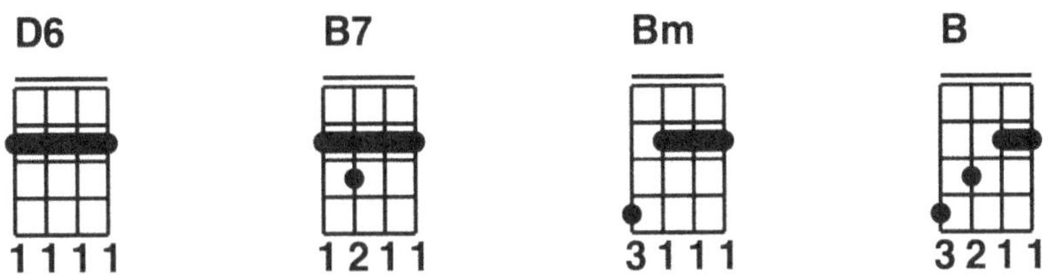

Bécarre

Le symbole bécarre (♮) indique que pour cette note uniquement, nous n'allons pas jouer l'altération prédéfinie dans l'armature, seulement pour cette mesure.

Nous pouvons aussi trouver dans certaines partitions, un symbole dièse ou bémol placé à côté d'une note. Ce symbole veut dire que cette note, comme le bécarre, ne fait pas partie de la gamme prédéterminée par l'armature. Encore une fois, il ne s'agit que de la note qui est placée à côté du symbole.

Island Sun

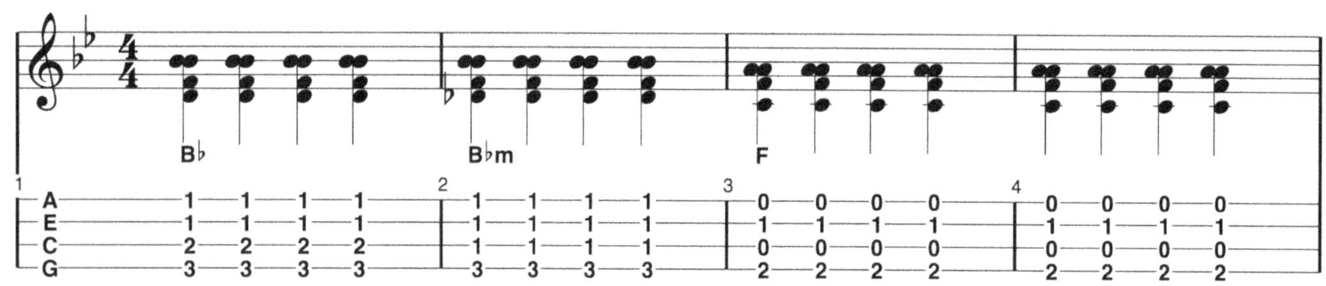

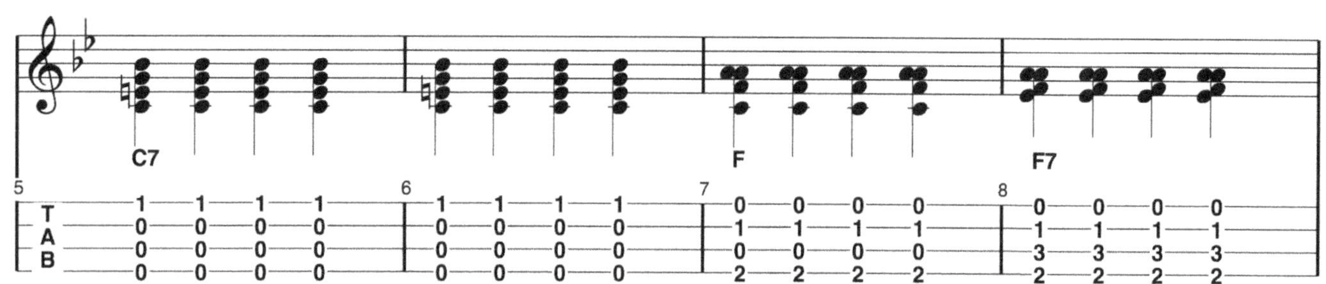

Les arpèges

Un arpège est un ensemble de notes successives qui, ensemble, forme un accord. Elles peuvent être jouées soit en montant ou en descendant ou dans tout autre ordre prédéterminé.

On dit un accord arpégé quand les notes émises les unes après les autres et résonant en continu, complètent un accord.

Le pouce et les autres doigts de la main sont symbolisés par des lettres :

p pour pouce
i   pour index
m pour majeur
a pour annulaire

Exercice no.1

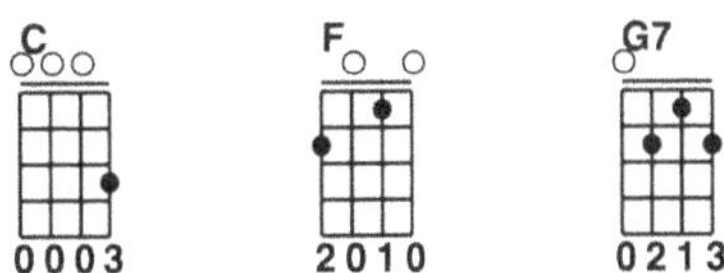

Exercice no.2

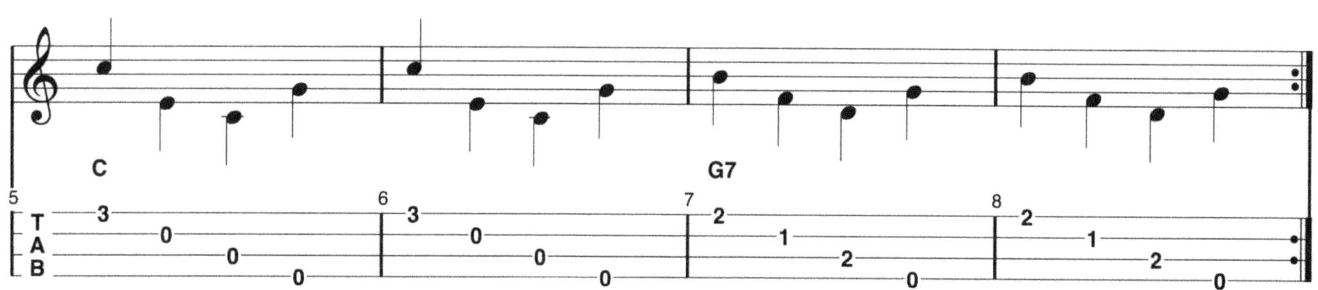

Lire et écrire ses propres partitions

Nous pouvons écrire une partition simplifiée sans mélodie qui sera visuellement simple à lire et à déchiffrer. Souvent utilisée dans la musique jazz par sa simplicité, elle laisse place à l'improvisation. Par contre, il faut connaître la mélodie par cœur pour la jouer.
C'est la façon la plus rapide d'écrire une partition pour pouvoir être accompagné d'autres musiciens.
Les barres obliques (/) indiquent le début et la fin de chaque mesure, les traits d'union représentent le nombre de temps que l'accord sera joué dans chaque mesure. L'accord est indiqué soit à l'intérieur des barres obliques, signifiant qu'il doit être compté pour un temps (voir image no.1), soit inscrit au-dessus de la mesure et le nombres de trait d'union devra être équivalent au nombre de temps. (voir image no.2)

Image no.1

/ C - - - / C - - - / F - - - / F - - - / G7 - - - / G7 - - - / C - - - / C - - - /

Image no.2

```
    C       C       F       F       G7      G7      C       C
/ - - - - / - - - - / - - - - / - - - - / - - - - / - - - - / - - - - / - - - - /
```

Exemple en 3/4

/ C - - / C - - / F - - / F - - / G7 - - / G7 - - / C - - / C - - /

Les familles d'accords ou les progressions d'accords

Au fil du temps, nos oreilles se sont habituées à différentes suites d'accords, qui sont devenues très courantes dans la musique populaire. On parle même aujourd'hui, d'accords magiques. La suite Do, Lam, Fa et Sol, est devenue très populaire dans pleins de styles musicaux depuis bien longtemps.

Une suite d'accords qui est aussi devenue très populaire est celle du Blues à 12 barres. Aussi nommée : 1, 4, 5.

Je vous laisse des exemples de familles d'accords. Amusez-vous à faire vos propres suites d'accords dans toutes les tonalités.

C majeur

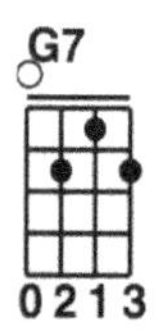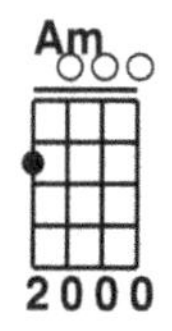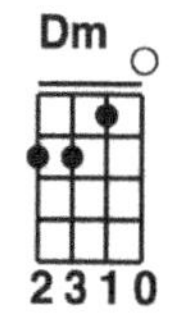

/ C - - - / C - - - / G7 - - - / G7 - - - / C - - - / C - - - / F - - - / F - - - /
/ C - - - / G7 - - - / C - - - / F - - - / C - - - / F - - - / G7 - - - / C - - - /

D majeur

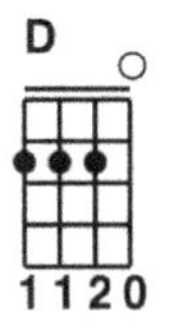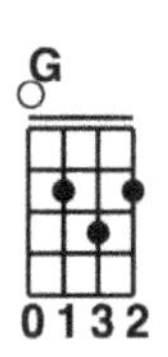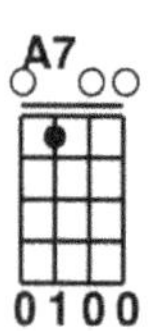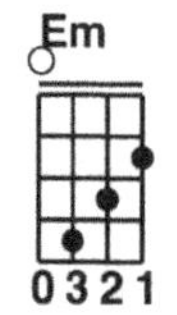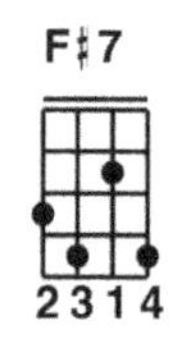

/ D - - - / D - - - / A7 - - - / A7 - - - / D - - - / D - - - / G - - - / G - - - /
/ D - - - / A7 - - - / D - - - / G - - - / D - - - / G - - - / A7 - - - / D - - - /

E majeur

 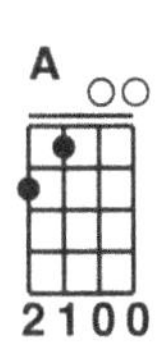 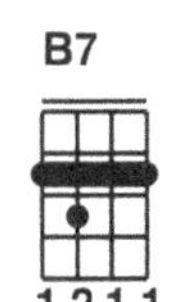

/ E - - - / E - - - / B7 - - - / B7 - - - / E - - - / E - - - / A - - - / A - - - /
/ E - - - / B7 - - - / E - - - / A - - - / E - - - / A - - - / B7 - - - / E - - - /

F majeur

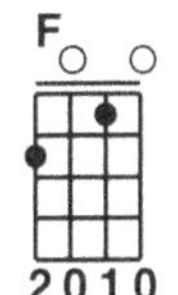  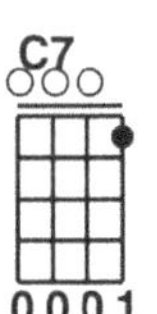 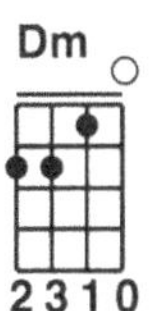 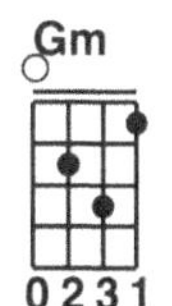 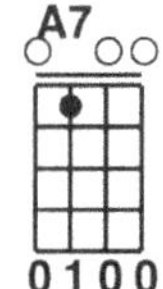

/ F - - - / F - - - / C7 - - - / C7 - - - / F - - - / F - - - / Bb - - - / Bb - - - /
/ F - - - / C7 - - - / F - - - / Bb - - - / F - - - / Bb - - - / C7 - - - / F - - - /

G majeur

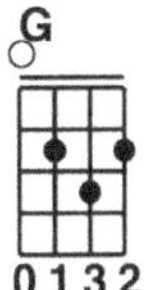 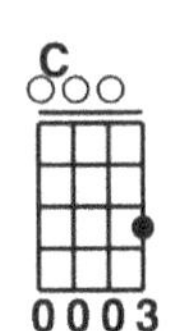  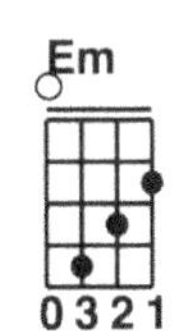 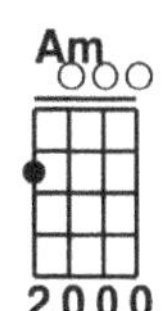 

/ G - - - / G - - - / D7 - - - / D7 - - - / G - - - / G - - - / C - - - / C - - - /
/ G - - - / D7 - - - / G - - - / C - - - / G - - - / C - - - / D7 - - - / G - - - /

A majeur

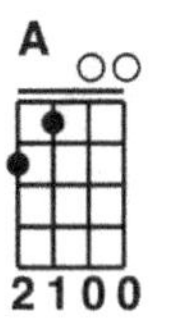 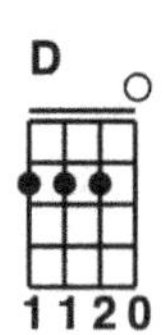 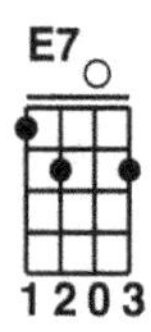 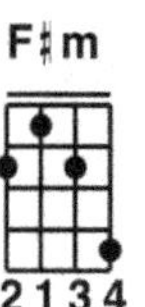 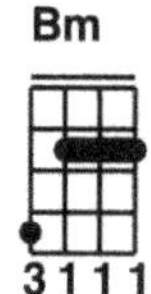 

/ A - - - / A - - - / E7 - - - / E7 - - - / A - - - / A - - - / D - - - / D - - - /
/ A - - - / E7 - - - / A - - - / D - - - / A - - - / D - - - / E7 - - - / A - - - /

B majeur

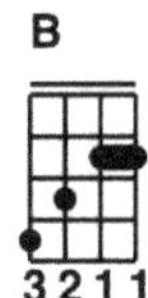 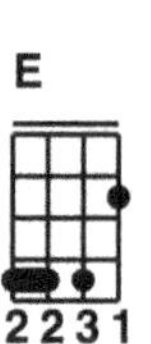 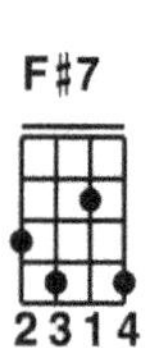 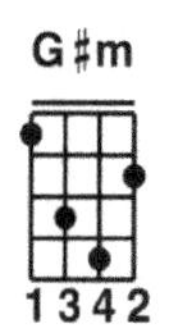 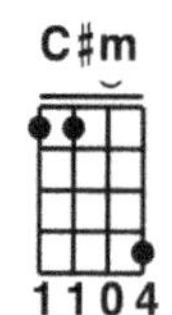

/ B - - - / B - - - / F#7 - - - / F#7 - - - / B - - - / B - - - / E - - - / E - - - /
/ B - - - / F#7 - - - / B - - - / E - - - / B - - - / E - - - / F#7 - - - / B - - - /

Dictionnaire d'accords

Les ouvrages musicaux qui contiennent des partitions pour la plupart des instruments affichent les noms des accords. Toutes les variétés d'accords couramment utilisés, sont répertoriées dans te tableau d'accords suivant.

En utilisant ce guide, vous serez en mesure de sélectionner pratiquement n'importe quelle collection de partitions et d'interpréter n'importe quelle composition qui s'y trouve. Il vous suffira de localiser l'accord nécessaire dans les pages suivantes, de suivre les indications de doigté fournies, et de l'incorporer dans votre interprétation du morceau.

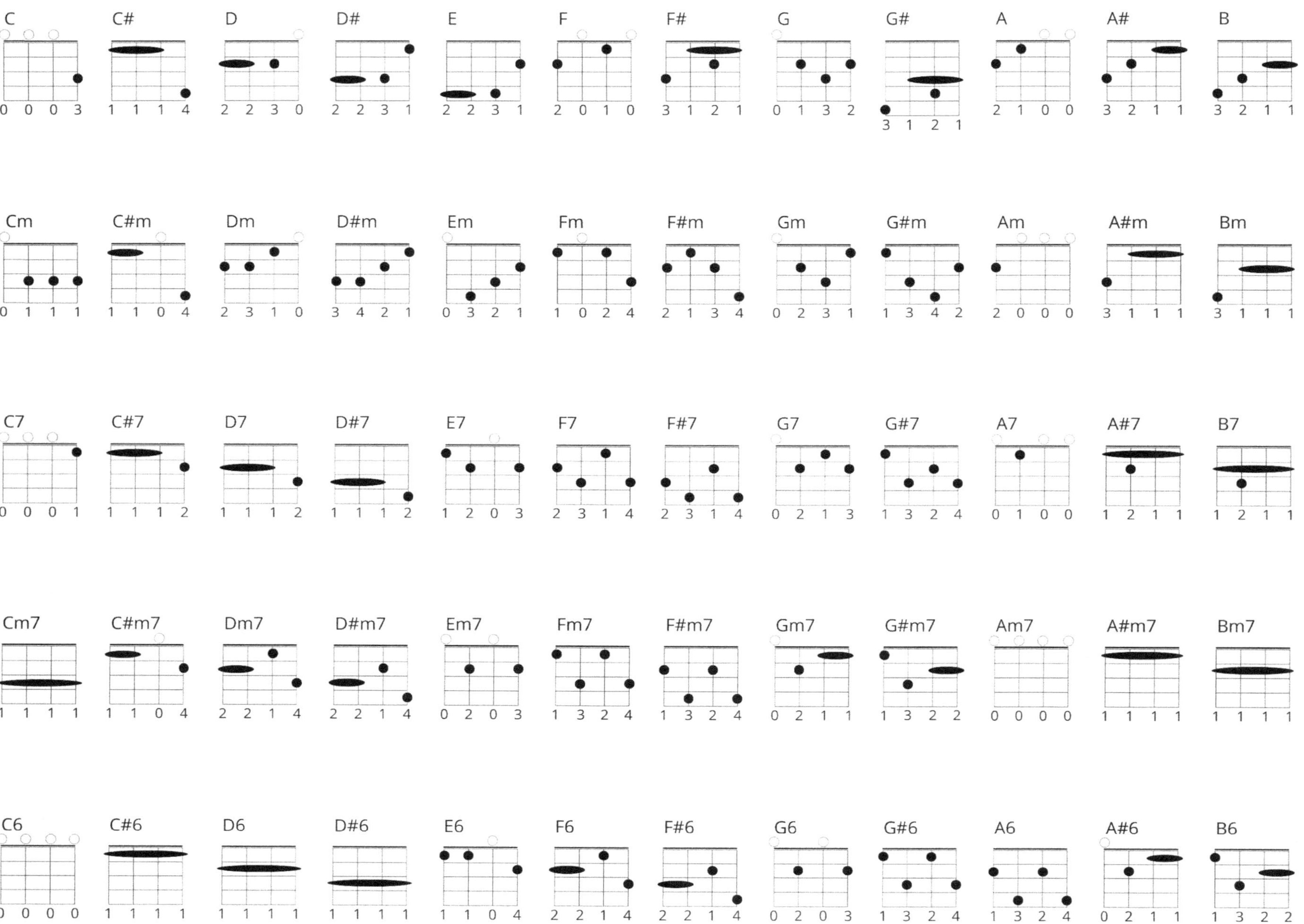

C C# D D# E F F# G G# A A# B
Cm C#m Dm D#m Em Fm F#m Gm G#m Am A#m Bm
C7 C#7 D7 D#7 E7 F7 F#7 G7 G#7 A7 A#7 B7
Cm7 C#m7 Dm7 D#m7 Em7 Fm7 F#m7 Gm7 G#m7 Am7 A#m7 Bm7
C6 C#6 D6 D#6 E6 F6 F#6 G6 G#6 A6 A#6 B6

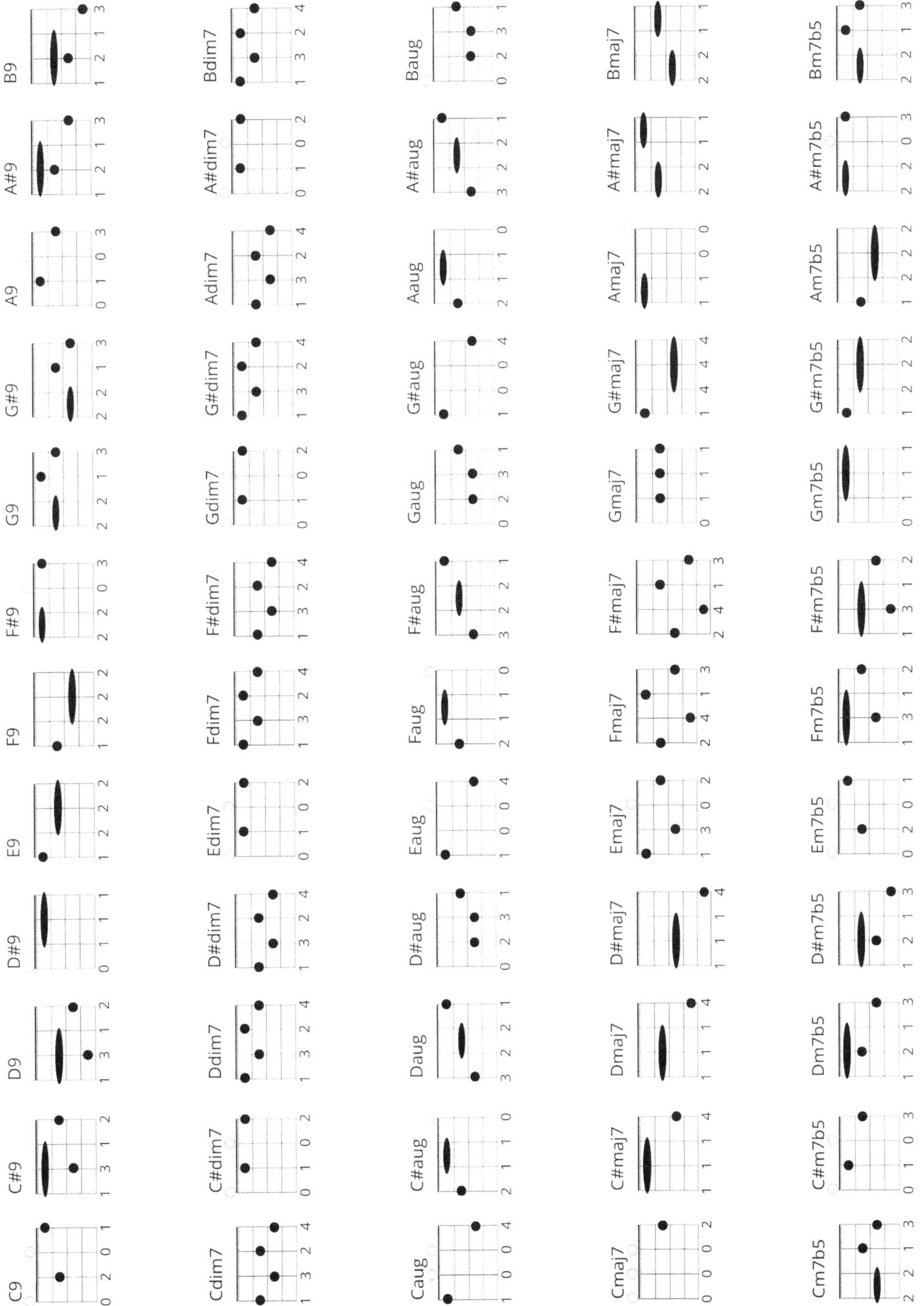